咱们为什么要入会

写给农民工的十二封信

巨晓林◎著

WHY SHOULD WE JOIN TRADE UNIONS

12 LETTERS TO MIGRANT WORKERS

中国工人出版社

图书在版编目（CIP）数据

咱们为什么要入会：写给农民工的十二封信 / 巨晓林著.
—北京：中国工人出版社，2018.12
ISBN 978-7-5008-7116-3

Ⅰ.①咱… Ⅱ.①巨… Ⅲ.①工会工作—基本知识—中国 Ⅳ.①D412.6

中国版本图书馆CIP数据核字（2018）第293161号

咱们为什么要入会：写给农民工的十二封信

出 版 人　王娇萍
责任编辑　安 静　李素素
责任校对　赵贵芬
责任印制　栾征宇
出版发行　中国工人出版社
地　　址　北京市东城区鼓楼外大街45号　邮编：100120
网　　址　http://www.wp-china.com
电　　话　（010）62005043（总编室）
　　　　　（010）62005039（出版物流部）
　　　　　（010）82075935（职工教育分社）
发行热线　（010）62005996　62005042（传真）
经　　销　各地书店
印　　刷　北京美图印务有限公司
开　　本　787毫米×1092毫米　1/32
印　　张　4.625
字　　数　50千字
版　　次　2019年1月第1版　2023年9月第11次印刷
定　　价　28.00元

目录

第一封信 01

我们有一个共同的名字

亲爱的龚晓农：

你好！

人的一生会遇到各种神奇的事情，比如我们正在用书信的方式第一次聊天。我不知道你的姓名，那就用“龚晓农”这个名字称呼你和你的同伴们吧。

当然，我不知道的还有很多。比如，我不知道你从哪里来，不知道你的年龄和相貌，更不知道你现在在哪一座城市。但是，我知道你和当年的我一样，带着对梦想的憧憬离开了故土，念念不忘的是亲人的百般叮咛，时刻牵挂的是父母的身体安康。我还知道，在全然陌生的城市里，你有过不知所措的孤独心情，有过深夜思乡的抽泣泪花，有过丢掉工作的担心焦虑。所以，作为一个更早离开故土的农家子弟，我愿意成为你的知心朋友，因为我们有着一个共同的身份——农民工。

先跟你说说我的故事吧，这要从 31 年前的那个早晨讲起。

1987 年春节过后的一天，在陕西省岐山县祝家庄镇杜城村，夜色还未完全褪去。父亲和母亲带着全家，冒着大雪把我送出屋门，送出院门，送出村口。到今天我都清晰地记得，那天我背着装了几件旧衣服和几个鸡蛋的行囊，越走越觉得浑身是劲，越走越觉得心里亮堂。因为我觉得自己找到了人生的希望之门，我要去中铁电气化局当一名农民工。

那一年，我 25 岁。在离家 15 公里外的蔡家坡站，我踏上了北去的列车。说起来有点不好意思，长这么大，那竟然是我第一次坐火车。

到了工地，我一下子就蒙了，每一张施工图纸都像是天书，每一个接触网零部件我都叫不上名称，感觉自己就是一个“睁眼瞎”。不知所措的时候，多亏师父鼓励我说，“只要下苦功，没有学不会的”。

我记住了师父的这句话，营地熄灯以后，还悄悄地打着手电筒学习技术要领。工友问我：“你一个农民工，学那玩意儿有啥用？”我认真地回答：“咱们农民工也要努力学技术，成为懂行的人。”

我在工作中铆足了劲儿，一定要干出点儿名堂来，为农民工兄弟争口气。为了掌握铁路接触网施工技术，我自己花钱买了《钣金工艺》和《机械制图》等专业图书，还有相关的大学课本，工地转移到哪儿，我就利用工余时间在哪儿学习。

进入企业的第三年，我和工友们在北同蒲铁路工地进行接触网架线作业。每到一个悬挂点，都要有人肩扛电线爬上爬下，十分辛苦。我死死盯着杆塔上的悬挂点，想找出能够省点力气的办法。反复观察测算后，我用一个铁丝套挂住滑轮试了试，果然能省不少劲儿。大家高兴极了，都按照这个办法架线，功效一下子提高了两倍。

从此，我走到哪儿都带着一个小本子，只要是施工中碰到的问题，都随手记下来，随时动脑筋反复琢磨。慢慢地，我这个农民工竟然写出了一本书，书名就叫作《接触网施工经验和方法》。在我们集团一公司工会主席的筹划下，书不光被印了出来，还发到了整个中铁电气化局集团的几千名接触网工的手中。

说句真心话，在我的成长道路上，工会一直是最温暖的“娘家人”。2008 年，在集团一公司的职代会上，我和 20 名农民工受到表彰，戴上光荣花，披上绶带，捧起了爱企立功竞赛荣誉证书。接下来，我又被北京市总工会授予“知识型职工先进个人”称号。工会干部把我的事迹整理出来以后，我的名字又出现在了中央主要媒体的头版头条。

更让我没有想到的是，当我以为人生已经到了顶峰时，谁知道这才只是我和工会之间故事的开始。从全国五一劳动奖章到全国劳动模范，工会组织的层层助力，让我得到了一个农民工想都不敢想的殊荣。2012 年 11 月，我更是作为党的十八大代表，走进庄严神圣的人民大会堂，亲耳聆听习近平总书记的报告，心里的那份激动简直无法形容！

说了这么多，还有一个我最骄傲的事情要告诉你。3 年前，我和工会的缘分变得更近了。经过选举，我光荣当选为中华全国总工会兼职副主席。报纸上说，这是全国总工会领导机构第一次出现了普通农民工的身影，意义说有多重大就有多重大。我没有想那么多，就是觉得肩上的责任沉甸甸的，更对我们农民工的未来充满信心。

好了，我的故事先讲到这里。说了这么多，想告诉你的其实只有一个道理——咱们农民工一定不能看不起自己，只要坚持努力，再加上工会的帮助，每一位农民工都有可能像我一样，追梦、筑梦、圆梦，成为一个实现自己人生价值的“出彩农民工”。

我还要为你介绍一位咱们的农民工榜样，她叫朱雪芹，是位“打工妹”，也是“新上海人”。离开家乡 13 年后，她当选为全国人大代表，国家最高议政机构里第一次有了为亿万农民工代言的人。她的另一个身份是上海市总工会兼职副主席。

这是我们之间的第一封信，相识相知就从这里开始。现在，我还是工地上的技术员。既然是兼职工会干部，写给你的信就主要聊聊工会的事情吧。要知道，全国总工会花大力气推动的一件工作，就是让更多的农民工加入工会。

作为一个刚进城市的农民工，如果没有猜错的话，你肯定正在为很多“两眼一抹黑”的事情所苦恼，对于工会更没有清晰的概念。不过，这都没有关系。我会慢慢告诉你，咱们农民工为什么要加入工会，为什么工会是咱们农民工的“家”，为什么工会干部是咱们农民工的“娘家人”。我会把加入工会的诸多好处，一条一条地讲给你听。我还会告诉你，怎样才能成为一名时刻感受组织温暖的工会会员。

这次就先写到这儿吧。

祝生活顺利！

你的朋友

2018 年 1 月 10 日

坚持
技能
汗水
知识

第二封信 02

入职头一件事儿

亲爱的龚晓农：

没想到第一封信就在你和你的同伴中引起了反响和关注。你们想更多地了解工会，希望得到工会的帮助，这种心情我非常理解，也很高兴。既然咱们建立了联系，我会尽我所能回答你们提出的问题。

你说你们几个同伴刚刚找到了一份工作，那就说说签订劳动合同的事儿吧。

什么是劳动合同？简单地说，就是劳动者和用人单位确定劳动关系，明确双方权利和义务的协议。劳动合同很重要，只要你被招工、聘用（包括“跳槽”换了新工作），首先就应该办好这件事。坦率地说，国家专门为劳动合同立法，就是因为在劳动关系中劳动者处于弱势，是用来保护劳动者权益的。

有人说，找到一份工作不容易，咱干活，老板给钱，有没有劳动合同关系不大；有人说，劳动合同不过是一张纸，签不签都没啥意义；还有人说，有的用工单位不愿意签订劳动合同，如果工人坚持要签，说不定连工作都丢了……这些说法都是不对的。不签订劳动合同，不但工作没保障，还会给劳动者带来损失甚至伤害。

你知道，工人付出劳动，不仅有获得报酬的权利，还有劳动保护、社会保险、休息休假等多种权益，而不只是"干活给钱"那么简单。没有劳动合同的保障，工人可能连基本的工资都拿不到。例如这些年一再发生的农民工讨薪难，大多与没有劳动合同，无法认定劳动关系有关。劳动合同看似一张纸，但却具有法律效力。一旦发生劳动争议，劳动合同就是调解、仲裁、审判的重要证据。譬如发生工伤、职业病，你要求企业支付医药费等赔偿，首先就要证明你与用工单位有劳动关系，没有合同，空口无凭，你就很难维护自己的权益。这样的事例太多了，浏览一下工会媒体，都有专题报道。顺带说一句，工会媒体对劳动争议的法律解读很实用。

至于对“由于坚持签订劳动合同可能失去工作”的担忧，就涉及工会的作用了。你可以告诉同伴们，《劳动合同法》在多处赋予了工会参与和监督的权利，工会为职工维权有充分的法律保障。如果用工单位不签订劳动合同，工会可以行使法定权利干预，还可以与政府主管部门联合执法，纠正企业违法行为，或者给劳动者提供法律援助，帮助劳动者打官司。

也许你会问：工会为什么这么“牛”？这是因为：首先，国家层面重视工会的作用，工会积极参与了《劳动合同法》的起草、出台全过程，站在代表和维护职工权益的角度，提出了许多建设性意见并被采纳。其次，工会有自己的组织系统和行动力量，有责任也有能力把更多的劳动者组织起来，让劳动者依靠集体智慧和组织力量，保护自己的权益。再次，工会有自己的章程和法定职能，有责任也有权力为劳动者维权，对侵犯职工权益者说“不”，让违法用工者付出代价。最后，工会有自己的宣传队伍和宣传阵地，有责任也有条件通过多种途径和手段普及《劳动合同法》，让更多的劳动者了解这部法律，明确自己的权益。

有了这几条，咱们农民工就有了“靠山”，不必有那么多担忧了。

可是，有一种现象却让我担忧——有的农民工朋友不重视劳动合同，而某些用工单位对劳动合同却“认真”得多，不过，它们的目的不是执行法律，而是规避法律。譬如，有的企业招工时留下“薪酬待遇面议”的玄机，控制条款解释权，签订不平等合同；有的企业故意延长试用期，拖延劳动合同签订；有的企业借口“不胜任工作”辞退职工，以避免单方面解除合同的赔偿；有的企业通过改换股东或法人，更名后迫使职工工龄“归零”，避免签订无固定期限劳动合同，等等。这些都是你和同伴们签订劳动合同时需要注意的。签订合同时的具体内容，工会都会帮助你们把关。

我还要多说几句劳务派遣问题。因为许多农民工就业，常常面临这种用工形式，而劳务派遣被滥用，职工合法权益没保障，需要特别注意。

劳务派遣，相当于劳动力租赁，是由派遣机构与劳动者订立劳动合同并支付报酬，把劳动者派向其他用工单位，由后者向派遣机构支付费用的一种用工形式。由于劳务派遣工与实际用工单位没有签订劳动合同，也就不存在劳动关系，一旦发生劳动争议，只能到派遣他们的签约公司去“讨说法”。劳务派遣工维权游离于签约公司与用工单位之间，二者责任边界模糊，是否负责也在两可之间。这样，劳务派遣工被边缘化，形成事实上的歧视，收入普遍偏低就是明显例证。

劳务派遣工与用人单位职工“身份”虽有不同，但在劳动者的意义上是平等的，同工同酬，天经地义。他们的权益被侵害，需要有人为他们维权。这个“人”就是工会。

事实上，最早关注劳务派遣问题的就是工会。2008年《劳动合同法》实施后，全国总工会跟踪调查发现，全国劳务派遣工人数不减反增，2009年达到2700万人，2011年达到3700万人，占企业职工总数的13.1%，其中国有企业使用劳务派遣工最多，占16.2%，最高的甚至接近70%。而且，绝大部分行业都在使用劳务派遣工，以电信、金融、石油、电力、铁路系统居多。尤其值得注意的是，劳务派遣工八成以上来自农民工。

通过调查掌握大量数据、事实，各级工会在各种场合为劳务派遣工仗义执言，并且呼吁适时修改《劳动合同法》，依法保护劳务派遣工的权益。2012年12月28日，第十一届全国人大常委会通过了关于修改《劳动合同法》的决定，而且修改的条款都是针对劳务派遣问题。通过这件事，你也可以看到工会的作用和力量了吧。

农民工进城打工不容易，有了工作一定要签订劳动合同，千万别不当回事。不仅你自己要注意，还要告诉更多的同伴。如果遇到困难，记得找工会哦。

祝工作顺利！

你的朋友 陈晓林

2018 年 2 月 9 日

劳动合同法
劳动合同

权利
义务

第三封信 03

美好生活要靠技能创造

亲爱的龚晓农：

收到你的来信，你说你报名参加了工会举办的技能培训班学习，真为你高兴。尽管学习还只是初级的，但你和同伴们在做一个合格产业工人的成长道路上迈出了重要的一步，可喜可贺！

你们这些 80 后、90 后农民工，比你们的父辈有了很大变化。他们那一代，刚刚摆脱土地的束缚，走进城市，大多只为谋生，由于缺乏文化、技能，只能从事简单劳动。而你们进城，更多的不是为了生存需要而是为了谋求发展，你们把务工当作学习适应城市生活的过程，希望通过自身努力，实现从农民到工人，从乡下人到城里人的根本转变。你们大多受过一定程度的教育，年轻、有活力，能够较快接受新事物，愿意学习新的知识，尽快融入城市，希望改变人生。这些都是你们的优点。

不过，我也要说点你们可能不大爱听的话。那就是你们中有些人浮躁、虚荣，不肯踏踏实实地工作、学习。（当然，这与社会大环境有关，不能只责备年轻人。）虽然追求美好生活没有错，但如果不懂得美好生活是要靠真才实学、靠努力奋斗得来的，总是“这山望着那山高”，总想通过不断“跳槽”寻找挣大钱的“捷径”。这样下去，得到的恐怕是更多更大的失望。

许多人都羡慕那些功成名就、收入丰厚的能工巧匠，但你是否想过，他们是怎么做到的？原因可能有很多，但我觉得，爱岗敬业、不断学习这两条是必不可少的。有位“大国工匠”说得好，“一辈子就干好一件事”，什么事？把自己的本职工作做到极致。这“极致”就包括精益求精的工作态度和至臻至善的职业技能，有了这样的“资本”，还愁不能实现美好生活吗?

咱们都知道，国家要发展，社会要进步，需要大批专业人才。就工人岗位来说，现在的技术工人不是太多了，而是太少了。据权威调查显示，现在全国技能劳动者超过 1.65 亿人，高技能人才却只有 4791 万人，只占就业人员总量的 6.2%，并且还存在结构问题突出、人才断档现象。从市场供需看，这些年，技能岗位数与求职人数比始终是求大于供。许多地方出现“用工荒”，缺的不是劳动力，而是技能人才。这样“荒”下去，真令人忧虑。

所幸，这个问题得到了国家决策层的重视。2017 年年初，中共中央、国务院发布《新时期产业工人队伍建设改革方案》，2018 年，中共中央办公厅、国务院办公厅又发布《关于提高技术工人待遇的意见》，为改革方案的落实提供了保障。

对于中央的决策，工会响应最积极，行动也最快。因为，对职工进行文化技术教育是工会的基本职能之一。为了提高职工队伍素质，增强职工就业能力，各级工会投入了相当的人财物力，开辟了多种渠道，开展了多种形式的技能培训和助学行动。比如，为农民工求学深造量身定制、受益者数以万计的“圆梦计划”，就是一个成功的例证。你和同伴们参加的技能培训，更是亲身体验了。

有的农民工朋友担心，工作中要求参加培训，企业会同意吗？你可以告诉他们，《劳动法》规定，劳动者享有接受职业技能培训的权利。不仅如此，早在 2006 年，国家财政部、教育部、全国总工会等联合出台过政策，明确规定企业应按照职工工资总额的一定比例足额提取教育培训经费。就是说，职工参加技能培训，既有“权”又有“钱”，没有后顾之忧。如果企业阻挠职工参加学习培训，工会会为你维权。

其实，咱们不必担心企业不愿意搞职工培训。因为，职工素质、技能水平对于企业可持续发展的影响与制约，让越来越多的企业认识到，在所有生产要素中，人的素质（包括技能）是第一位的；企业之间的竞争，说到底是人才的竞争。职工素质不提高，企业不会有前途。所以，在职工培训方面，大多数企业舍得投资。

举个例子：中石油八建公司只有550名职工，而他们的选手在辽宁这个工业大省、抚顺这个工业重镇，12次获得市级焊工、铆工技能大赛状元，包揽2017年全省焊工技能大赛前3名，参加市级以上技能大赛获前10名的职工119人次。这样一个小企业，能够有这样骄人的成绩，是因为在公司全部257名操作工人中，高技能人才就占了13.2%；辽宁省首批95个“辽宁工匠”，八建就有2人名列其中。培养这样的人才“阵容”，靠的是“舍得投入，兑现待遇，让技能尖子名利双收”。可见，这家企业培养技能人才，没有停留在一般宣传、号召上，也没有寄希望于延揽、招聘“外援”，而是给自己的技能人才实实在在的优厚礼遇。

老实说，我现在忧虑的不是企业愿不愿意职工参加技能培训，也不是培训有没有经费，而是咱们的年轻职工有没有学习的热情和积极性。因为，在相当一部分农民工看来，工作岗位如何、劳动报酬高低、劳动条件好坏，比技能培训更“实惠”，即使有提高自身素质的愿望，也大多是为了“跳槽”。所以他们不重视企业内的技能培训，更很少见有人为这件事要求维权。这可是一种目光短浅的表现哦。

除了前面说的中石油八建公司的例子，现实生活中还有更多的事例。

荆门石化曾经是三线企业，在今天的市场竞争中暴露了实力“短板”。企业痛定思痛，下决心开展职工技能培训，通过职工整体素质的提高，推动企业竞争力的提升，企业得到了发展，职工也得到了实惠。在荆门石化，经过培训、考评合格的各级技工、技师都可以享受相应的津贴。更重要的是，通过培训学到了知识、增长了才干，职工懂得了“技不压身”，今后无论在哪里就业，技能都是可靠的“饭碗”，比“小打小闹”的福利实惠得多。这个事例告诉我们，立足岗位，肯于学习，不断提高个人素质，练就技能本领，就是把前途和命运掌握在自己手里，就一定能过上好日子。

说了不少了，希望能够对你有帮助，也希望你向同伴们讲讲。

祝学习进步！

你的朋友 [signature]

2018 年 3 月 6 日

技能培训

职业技能鉴定证书

第四封信 04

集体协商不只是“谈涨工资”

亲爱的龚晓农：

上封信谈了工会举办技能培训班的话题，相信你从中看出了组织的力量和作用。工会就是一个组织，组织就是一个集体，集体办事情总是比个人更有力，也更容易成功。这封信，就想说说集体协商的事儿。

对于你和许多农民工朋友来说，“集体协商”应该不是一个陌生的词。因为，《工会法》《劳动法》《劳动合同法》里都明确了企业要建立工资集体协商机制。而且，近年来各地各级工会都把它作为一项重要工作全力推进，还有各种媒体频频报道，即使是不那么关心时事的人，也应该注意到，工资这事儿关系我们每一个劳动者最直接的利益。

你可能也听说过，刚刚开始推行工资集体协商的时候，人们在觉得新奇的同时，还有许多担忧——工资、福利也能谈判？工人敢谈吗？企业愿谈吗？工会能谈吗？几年过去了，事实证明，不仅能谈、敢谈、会谈，而且已经超出了最初的工资、福利，有了更丰富的内容、更可喜的成果。这一切，工会功不可没。

你可能会说，农民工绝大多数在私营企业或者新业态工作，企业规模小，人员流动大，有的甚至连工会都没有。而且，不同行业有不同的情况，职工的诉求也不一样，推行集体协商，很难。

不错，你说的是实际情况，而且工会也注意到了，所以，这些年加大了行业工会、区域联合工会的组建力度，在这个基础上开展行业工资集体协商、区域工会工作联动，有效地解决了你说的问题。如果你需要借鉴相关的经验，我可以帮你找找资料，你也可以到当地工会去咨询，他们肯定会认真接待你。

你可能会问，工会代表职工与企业谈判、协商，但工人的岗位不同，利益诉求也不一样，协商结果能兼顾到吗？我最近看到一条新闻，或许可以回答你的这个疑问。

江苏阜宁县工会探索、建立了一种工资“微协商”模式。就是在企业集体协商的基础上，对部分工种特殊、人员较少、集体协商结果不能一次性覆盖的岗位和群体，如后勤保障、保安保洁、机械维修、技术攻关等，采取小范围、多层次、一对一的协商形式，取得了不错的效果。

“微协商”目标明确，就是那些特殊工种、岗位，而且协商方法灵活、简便。他们采取了“三不”方式：协商地点不限，只要能坐得下来，车间、工地都可以；协商人数不限，只要符合条件，群体、个人都行；协商时间不限，只要提前预约，白天、晚上均可。这样不仅降低了协商成本，而且扩大了受益面，提高了成功率，更重要的是，由于直接面对少数人，甚至个人，使得协商内容十分具体，谈成了就是实实在在的

“真金白银”，会有更多的“获得感”。

还想告诉你的是，集体协商推进到今天，虽然主要是谈判工资，但已不限于工资，福利待遇、荣誉奖励，同样可以协商。

你知道，企业为职工提供什么样的福利待遇，在许多方面没有法律规定，也没有强制标准，不同行业、企业之间会有很大的差别。而这恰恰给集体协商“留出了”谈判空间。能不能为职工争取到利益“最大化”，就看工会、职工代表的谈判“本事”了，只要有理有据，必有收获。这里的“学问”是，不仅有提高标准的要求，还可以有项目增减的“讨价还价”。比如，带有计划经济色彩的书报费、洗理费，区区几元钱，多年不变，在市场经济条件下已经失去存在的意义，取消了也不至于影响职工收入，在协商中就可以让步。但同时，随着社会的进步，劳动者对生产条件、生活环境、精神、文化方面的需要也在增加，要求企业增加新的福利，完全可以纳入集体协商。

你也知道，岗位津贴是对某些特殊劳动的肯定与补偿，特别是危险岗位、有毒有害作业，直接关系职工切身利益、生命健康，绝不是可有可无的收入，也不是几个钱的事儿。但在现实生活中，有的岗位津贴被企业方有意无意地以各种借口混淆、模糊，甚至取消了。工会要做的就是，在集体协商中“斤斤计较”，据理力争，而且多多益善。

以上这些，职工个人是很难有渠道提出的，更不必说兑现了。有了工会组织，谈判和协商才变得顺理成章。

这封信写到结尾时，我又看到一则令人高兴的报道。理光高科技（深圳）公司工会通过集体协商，为员工争取到一份新的福利——员工因本人患病或回乡照顾亲人等原因离职时，可以获得公司按其入职年限发放的数额不等的“第二人生发展金”，而且已有超过 40 名员工享受到了这份福利。

理光公司离职员工能够拿到“第二人生发展金”，是工会通过反复协商、多次谈判争取来的。按常理，依常规，员工因患病、回乡照顾父母等原因不得不离职，公司没有义务或责任给予补偿。但理光公司工会希望公司能给予那些为企业奉献了青春的员工一些人文关怀，于是在集体协商时提出了这个方案，起初就被公司行政方否决了。以工会为代表的劳方协商小组用稳定员工队伍、增加员工归属感、履行社会责任的道理，坚持晓之以理，动之以情，经过 10 个月的多轮协商，双方最终达成协议，推出了“第二人生发展金”。

这个事例说明，工会组织对于自己所代表的职工群众有真心、用真情，真心实意地为职工争取利益，不愧为职工群众的“娘家人”。值得注意的是，理光公司工会不仅为职工争取到了“第二人生发展金”，还通过与公司协商，专门为怀孕女职工和残疾人士开设了减轻劳动强度的“爱心生产线”，为哺乳期女职工设立“爱心妈妈小屋”，为需要回家哺乳、午休的女职工提供专线车……推而论之，在集体协商中，凡是涉及职工切身利益、合理合法的要求，都可以谈，都可能实现。许多企业通过集体协商，签订《女职工特殊权益专项集体合同》，就是很好的证明。

好了，今天就写这些，来信说说你的看法，或者希望我再谈些什么。

祝一切顺利！

你的朋友

2018 年 4 月 16 日

集体合同平等协商会议

女职工特殊权益
专项集体合同

第五封信 05

民主管理离你有多远

亲爱的龚晓农：

考虑了很久，才动手给你写下这封信。

说实在的，这封信对我来说，比咱们其他的通信难写得多，因为你问了一个严肃的问题，我必须仔细想想，认真回答你。

上次你在信中问我，现在的企业民主管理管用吗？职工代表大会有用吗？职工说话顶用吗？咱一个农民工，能不能管企业的事儿？你连发几问，我想了好几天。

首先要告诉你的是，企业民主管理是有法可依的。《企业法》和《劳动法》都规定，企业要通过职工代表大会等形式实行民主管理。2012 年 2 月，中共中央纪委、中共中央组织部、国务院国有资产监督管理委员会、监察部、中华全国总工会、中华全国工商业联合会联合印发了一份文件，名字就叫《企业民主管理规定》（以下简称《规定》）。这些，都是企业民主管理的依据和根源。

按照这个《规定》，职工代表大会是职工行使民主管理权力的机构，是企业民主管理的基本形式。企业应当按照合法、有序、公开、公正的原则，建立以职工代表大会为基本形式的民主管理制度，实行厂务公开，推行民主管理。你看，有法律规定、党和国家六个部委撑腰，还有白纸黑字的红头文件、职代会和民主管理，怎能不理直气壮？

当然，文件是一回事，把文件从纸上落到实处，也就是你们年轻人说的，把“txt”文本变成“exe”文件，那又是另一回事。《规定》指出，企业应当尊重和保障职工依法享有的知情权、参与权、表达权和监督权等民主权利，支持职工参加企业管理活动。但在实际中，在一些单位执行得不怎么理想，也是客观事实。比如说，《规定》中规定，职代会有听取企业发展规划、审议企业规章制度、审议通过集体合同草案、审查监督企业执行劳动法律法规情况等五项权利，但是不少企业往往不认真落实，而是走了过场。想来，这也是你向我提起疑问的原因所在。

然而，正因为有问题有差距，才需要我们做工作。正如《规定》所指出的，企业工会应当组织职工依法开展企业民主管理，维护职工合法权益。在这方面，咱们工会组织任重道远，我作为工会的一名领导，也深感责任重大。

你还向我提起，说你们公司的老板有些疑虑：国有企业推行民主管理没什么，民营企业也搞民主管理，是不是像网上说的那样，“党要领导工人共同管理民企、共享民企发展利润”，这是不是要搞“第二次公私合营”？

我可以负责任地告诉你：这全是“标题党”的一派胡言。

如果不是对民主管理制度的误解，就是别有用心的推波助澜。

引发话题的那次会议，是全国“深化民营企业民主管理，增强创新发展内生动力现场会”，引发话题的那篇讲话，原文是“民营企业要坚持职工主体地位，以职工为本，让职工享有充分的民主权利，共同参与企业管理，共享企业发展成果”。这个过程我全部清楚，你仔细看一下，哪句话、哪个字讲错了？可惜现在有些人往往不看原文，或者不屑看完原文，就急于发表意见。

其实，企业民主管理并不是什么新鲜话题。在西方，职工参与企业管理的制度早已有之。在我国，正是借鉴了国外先进管理经验，才出台的上述《规定》。在一些人眼里，外国职工参与企业管理就叫民主，我国职工参与企业民主管理就叫“夺权”——简直是岂有此理。显而易见，职工代表大会不是取代企业管理机构的正常管理，实行企业民主管理，也根本不存在谁强迫谁“交出管理权”的问题。从这些年的实践来看，无论是国有企业还是民营企业，都出现了一大批扎实推进民主管理的示范企业，证明这项制度符合国情，是有利于企业发展的。

在当前形势下，一些非公企业有这样那样的担心也可以理解。对此，习近平总书记针对非公有制经济特别强调“三个没有变”——“非公有制经济在我国经济社会发展中的地位和作用没有变，我们鼓励、支持、引导非公有制经济发展的方针政策没有变，我们致力于为非公有制经济发展营造良好环境和提供更多机会的方针政策没有变。”建议你们公司老板认真学习一下总书记的讲话，就不至于对网上的一些言论“听风就是雨”，被人牵着鼻子走了。

话题还是回到咱们工人身上，你说过，在报纸上工人阶级是主人翁，但回到现实中，在企业里我们都是“打工仔”，这反差委实大了些。我给你讲讲我的看法吧，宪法规定，我国是工人阶级领导的、以工农联盟为基础的人民民主专政的社会主义国家。工人阶级是领导阶级，是国家的主人翁，讲的是政治地位，现实也是这样，你看我能从一个农民工，当上全国总工会副主席，就是最直接的证明。但是工人阶级作为一个整体是领导阶级，并不等同于每个工人都是领导者。对不对？同理，在企业也是这样，以职工代表大会的形式开展民主管理，也不等同于每位职工都要对企业经营“说了算”。职工参与民主管理，重在落实知情权、参与权、表达权，其中一个重要途径，就是通过合理化建议、劳动竞赛等方式，促进企业发展，实现“双赢”，构建和谐劳动关系。这一点，才是中国企业最大的特色，也是中国特色社会主义工会发展道路最大的优势。

我相信，加强企业民主管理，是构建中国特色和谐劳动关系的重要举措。只有以职工为本，让职工享有充分的民主权利，共同参与企业管理、共享企业发展成果，才能激发职工的劳动热情和创造活力，实现企业与职工的共赢发展。

讲了这么多，也不知道你听明白没有。说实在话，于我而言，企业民主管理是一个高深的理论课题，值得我们在实践中认真研究、深入探索。

如果你觉得这封信还有一定的“高度”，那完全是因为这是我在出差途中的飞机上写的。哈哈。

目的地快要到了，今天就先写到这里，下回再谈。

祝一切安好！

你的朋友

2018年5月7日

企业民主管理规定
民主选举
投票箱

XX公司第X届第X次职工代表大会

第六封信 06

当你遇到劳动争议时

亲爱的龚晓农：

你好！

上次通信，咱们谈了企业民主管理的问题，不知道你是不是和同伴们也讲了这件事的重要性。那可是咱们工人实现自身权利的重要途径，不能不重视。

今天读报，看到广州中级人民法院发布《劳动争议审判白皮书（2018）》的消息，又恰好有人来咨询辞职问题。我觉得，有些信息跟咱们农民工有关系，至少可以有所启示，于是想到给你写这封信，说说劳动争议的事儿。

现在发展市场经济，国有、民营、合资、外资等多种经济性质的企业并存，新业态也不断出现，农民工的就业形式越来越多样化，劳动关系也变得更复杂。即使签订了劳动合同，有了一定的保障，与企业发生利益冲突、劳动争议也是难以避免的，而且往往需要付出人财物的“成本”。况且还有许多农民工没有签订劳动合同，一旦发生劳动争议，损失肯定不小。

就拿企业的规章制度来说吧，不同的企业有不同的厂规厂纪，违反了就会受到处分。遇到这种情况，尽管你可以申辩，说处分过重，或者说某项规定不合理。但是，个人的力量终究是有限的，申辩不成，损失反而可能更大。

如果我告诉你，用人单位处分职工，工会有权提出意见，维护职工正当权益，你是不是觉得有了依靠？如果我再告诉你，企业单方面解除劳动合同、辞退职工或决定裁员，按照有关规定，应事先将理由通知工会，工会认为企业的做法违反法律法规或合同约定，侵犯了职工合法权益，可以要求重新研究处理，你是不是觉得有了底气？

在利益冲突、劳动争议中，农民工往往是处于弱势的一方，这是客观事实。不承认这一点，态度就不够实事求是。但是，农民工加入了工会，有了组织的力量，情况就大不相同了。事实上，面对劳动争议，工会不仅能够帮助职工据理力争，而且能够敦促企业修改不合理的规章制度。比如最近，江苏镇江市总工会和市人社局共同发布了一个《劳动规章制度“负面清单”（试行）》，目的就是对照国家法律，规范企业规章制度。

你知道，每个企业都有自己的规章制度，明确规定了企业和职工各自的权利、义务，以及相关的奖惩条款。这些俗称“厂规厂法”的文件具有某种强制性约束力，不仅用来规范企业内部日常劳动用工管理，而且一旦发生了劳动争议，也是调解、仲裁或审判的依据之一。问题是，企业规章制度的所有条款是不是都合理合法呢？你也知道，未必。

镇江发布的这份“负面清单”，内容涉及劳动报酬、工作时间、劳动定额管理、保险福利、劳动安全卫生、劳动纪律、休息休假、职工培训、劳动合同管理等，共9章56条，其中所列事例都不符合国家法律规定，可见问题不少。而且，这些条款都直接涉及劳动者的切身利益，如果照此执行，肯定侵犯劳动者合法权益。

老实说，指出企业规章制度某些条款不合法，应该修改，这件事凭借咱们个人能力很难做到，即使是企业工会提出来，往往也阻力重重，难有改变。而由上级工会出面，显然更有力量。所以说，镇江市总工会这件事办得好，办得实在，办得有理有据。同时也说明，有了工会，就是不一样。

话题回到我在一开始说的广州“白皮书”。

统计显示，2017年，广州市基层人民法院受理劳动争议案件同比下降5.8%，降至近年同类案件数量的最低点；进入二审的案件数占全市劳动争议总量的6.85%。这个数据说明什么呢？说明绝大部分劳动争议案没有经过“打官司”，也得到了解决。就是说，包括工会维权在内的多种协调机制，在解决劳动争议中发挥了重要作用，这也是你听说过的构建企业和谐劳动关系的成果。

在我们国家，解决劳动争议的途径，第一步就是调解；调解不成，可以申请仲裁；对仲裁不服，才由法院两审定案。但是，这个过程太过漫长，对于咱们劳动者来说，实在是迫不得已的选择。正是由于有工会在平时注重劳动关系的调整，尽可能减少冲突、争议的发生，或者发现苗头时及时化解，一旦发生则尽可能通过调解平息。这样，无论对社会、对企业，还是对劳动者来说，都是最佳选择。

在劳动争议问题上，还有一个动向需要跟你多交代几句。

你知道，现在的年轻人，包括 80 后、90 后的农民工，受教育多，眼界也开阔，愿意追求更美好的生活，只要有机会或者工作不顺心，就会“跳槽”，而且这样的人越来越多。从积极的方面来说，这是劳动者维权方式从被动向主动的转变。但是，有调查数据显示，六成以上的“跳槽”者都曾遭遇“辞职难”，有的用人单位采取各种手段刁难辞职员工，以致有人不得不与单位“打官司”。

如果遇到这种情况，你可以告诉你的同伴，《劳动合同法》规定，劳动者单方解除劳动合同的方式之一，是无理由提前一个月预告解除劳动合同。换句话说，辞职申请不需要理由，而且无须用人单位同意。如果用人单位为了留住员工，采取不为辞职者办理档案及社保转接手续，不结清工资、奖金或支付经济补偿，辞职者完全可以向工会求助，依法向劳动监察机构投诉举报，或者申请仲裁和提起诉讼。

不过，你还需要提醒准备“跳槽”的同伴，尽管法律保障了劳动者的辞职权，但对于部分涉密或特殊岗位以及劳动合同有特别约定的劳动者而言，辞职并非“想走就走”那么简单。

《劳动合同法》规定，对负有保密义务的劳动者，用人单位可与劳动者约定竞业限制条款，并约定在解除或者终止劳动合同后，在竞业限制期限内给予劳动者经济补偿，但期限最多为两年。此外，如果企业为劳动者提供了专项费用，进行了专业技术培训，或者提供了户口等额外待遇，也可以约定服务期和违约金。在这种情况下，劳动者单方面解除劳动合同就是违约了，即使“打官司”也会败诉。

写了不少了，还有许多话要说。下次再谈吧。

祝你进步！

你的朋友 彭晓林

2018 年 6 月 12 日

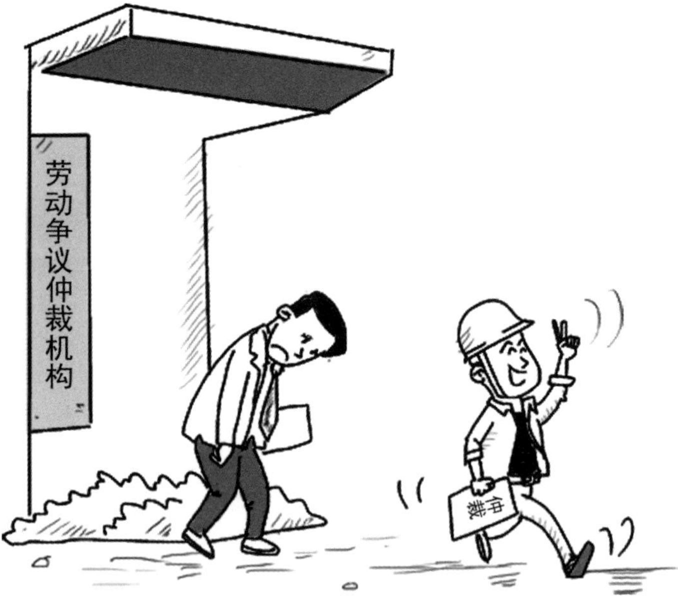
劳动争议仲裁机构
仲裁

劳动规章制度“负面清单”

第七封信 07

工会为你“送温暖”

亲爱的龚晓农：

你的来信我收到了，知道你前一段遇到一些小困难。不要着急，我相信等你将问题反馈给工会，工会一定会帮助你的。

今天，我们就来谈谈咱们工会最传统、最久远、也最响亮的一个话题：困难职工帮扶。其中最有名的一项活动就是“送温暖”，每年的“两节”之际，都会成为全国各地闪亮的风景。很可能在你接到这封信的时候，“送温暖”的工会干部已经到了你的身边。

在我看来，困难职工帮扶是工会的“看家绝学”，自打工会成立的那一天起，工会就是为职工、特别是困难职工说话办事的。“送温暖”更是工会帮扶工作的“独门利器”，自从 20 世纪 90 年代全国总工会发起“送温暖工程”以来，这项活动规模不断扩大，影响力与日俱增，成为工会工作最亮的品牌工程之一。

20 多年来，以“送温暖”为代表的困难职工帮扶行动，在解决困难职工生活、推动完善社会保障制度、参与构建社会公共服务体系、促进社会和谐方面发挥了重要作用，受到了广大职工群众特别是困难职工的赞誉，也受到了党委政府和社会各界的肯定。

你可知道，这项活动是在什么背景下推出的？

你们这一代人赶上了好时代，至少你进城打工的时候，没有经历过苦日子。而我们这一代农民工，曾有过一段艰难的回忆。20 世纪八九十年代，在我国经济体制转型的过程中，受多种因素影响制约，部分企业生产经营困难、下岗职工增多。同时，由于当时我国的社会保障机制、就业引导机制尚未建立，造成大量的职工失业、下岗、欠薪，生活陷入困境，那些曾经为新中国作出贡献的工人，曾经骄傲的工人老大哥，一时间成了城市的困难群体，那真是一段不堪回首的艰难日子啊。

就是在这种情况下，咱们的“娘家人”——工会站了出来。我记得，1992 年，全国总工会开始开展“进万家门、知万家情、解万家难、暖万家心”的送温暖行动。1994 年全国总工会发出通知，送温暖行动升格为送温暖工程。我还记得，当年工会曾喊出一个响亮的口号，要当好救助特困职工的“第一责任人”。试问，世界上有哪个工会组织有这样的底气，说得出这样的话语？

咱们工会不仅是这样说的，更是这样做的。20 多年来，工会送温暖帮扶工作从最初的临时性生活救助向就业帮扶、法律援助、医疗救助、教育救助、社会保障等领域全方位扩展，从最先关注特困职工向服务整个困难职工群体乃至所有职工延展，内容不断深化，范围不断扩大。工会帮扶送温暖，既是对社会保障体系的拾遗补阙，也是对特困职工的雪中送炭，在“高天滚滚寒流急”的形势下，工会的送温暖行动就像是“大地微微暖气吹”，极大地温暖了特困职工的心。

这，正是工会作为职工“娘家人”的职责所在。

工会帮扶工作在温暖了职工群众的同时，也给了工会干部成就感、荣誉感。我认识一位工会前辈，今年 80 多岁了，干了一辈子工会工作，从最初的宣教、培训、维权、保障福利“四菜一汤”，到后来“春送岗位、夏送清凉、金秋助学、冬送温暖”的“四季歌”，他都烂熟于胸、了如指掌。他曾经骄傲地对我说：“常有人问我，你们工会干部为什么大多长寿？我每次都回答他们，因为我们干的都是扶危济困、积德行善的好事啊！”

和你说起这些，你可能觉得我又在忆苦思甜，你也可能觉得，比起那些大老板们这个基金、那个项目，这不都是些不起眼的小事吗？可是晓农，你要知道，正是这些点滴小事，汇成了职工群众对工会的感情，打造了工会的形象。

我还认识一位省级领导干部，他说：“不要小看工会的作用，我们家早年就受到过工会不少的帮助。我本人就是在工会的帮助下才完成学业的。我的父亲也是工人，当年家里孩子多，父母最愁的是每年 2 月和 9 月，5 个孩子要付学费。那个时候就是靠厂工会的互助基金，2 月开学时向工会的互助基金借钱，然后每个月还，8 月份还完了，9 月又开始借，然后每个月再还。没有工会的这个互助基金，就没有我学生时代的读书生活。工会的互助基金不是一个显赫的大事，但我一辈子没忘记它在我成长中的重要作用，直到现在仍铭记在心。”

他说的没错，现在工会做的关心农民工、帮扶困难职工等工作，也都是在职工群众最需要的时候给予帮助，是能让他们牢记一辈子的。这些年来，工会帮扶工作不断深化，已经建立了长效机制，不仅送温暖，还要送火种、送恒温、送常温，不再局限于年节慰问，还注重让困难职工具备造血能力，激发内生动力，从根本上走出困境，也不仅局限于关注劳模和困难职工这些特殊群体，还在探索尝试为广大会员职工提供普惠服务。更重要的是，送温暖帮扶工作逐渐由工会一家的活动发展成为党委和政府部门共同参与的一项重要工作，由“独唱”变成了“合唱”，受到了职工群众的欢迎与社会各界的认可。

如今，中国特色社会主义进入新时代，新时代带来新变化，2020 年以后，随着脱贫攻坚目标的完成，城市困难职工也将同步迈入全面小康，到那时，工会帮扶作为一项具体工作，将会走向历史的深处。但是，服务职工是工会永恒的话题，我相信工会还会发展出其他形式的服务——例如“互联网 +”普惠服务等，而且会更贴心、更高效。

纸短意长，今天就先写到这里。

另外，你的困难解决之后，请回信告知我一声。

祝生活顺利！

你的朋友 

2018 年 7 月 6 日

第八封信 08

工会让你戴上大红花

亲爱的龚晓农：

来信已收到，知道你也想成为我这样的人，我很开心。

能够获得岗位能手、劳动模范的称号，在祝贺的掌声中戴上大红花，胸前再佩挂一枚金光闪闪的奖章，当然是人生最灿烂的辉煌时刻。它会让我们从内心感受到，自己是一个能够造福企业和社会的人，哪怕付出再多的汗水和心血，都心甘情愿！

不过，要戴上劳动模范的大红花，首先离不开的就是工会。就拿我的成长经历来说吧，要是没有工会的发现，我就不可能获得这么多的荣誉。要知道，从普通劳动者中发现和培养叫得响的先进典型，一直是工会特别重要的工作。

13 年前，我的事迹登上了《电气化铁路》报。这是我们中铁电气化局集团公司自己的报纸，在企业里很有影响力，让我的名气一下子大了起来。在集团公司工会主席蒋玉林的推介下，中国中铁工会专门到迁曹线工地了解我的学习工作情况，给出了“过得硬、叫得响”的高度评价。

进入工会的视野以后，我得到了以前根本想不到的帮助。我是一公司的员工，工会主席刘雁翔牵头组织各部门讨论修改我的施工经验和方法，刊印成书发放给一线职工。接下来，我连续 3 年被评为一公司经济技术创新标兵，更在工会组织的职代会上，第一次戴上了光荣花，披上了印有荣誉称号的绶带，高高举起了荣誉证书。

2009 年年初，我从一公司领到一张特殊的申报表，填好之后报送到集团公司。这一年的“五一”劳动节前夕，在中华全国总工会举行的表彰大会上，我竟然得到了全国五一劳动奖章的殊荣！

在我成长的道路上，工会给我的帮助始终如一，让我从默默无闻的一线操作工，成长为代表亿万农民工的人，走进人民大会堂参加全国党代会和全国人代会，当选为国家级技能大师、全国创先争优优秀共产党员、全国劳动模范。我当然知道，这些荣誉和待遇不是给我个人的，给的是我所代表的所有农民工兄弟。

说了这么多，我想告诉你的是，工会是发现和培养优秀劳动者的摇篮。只要在工作岗位上干出出色的业绩，工会就会让你得到众人羡慕的荣誉。不光是各级五一劳动奖章，就连中共中央、国务院授予的全国劳动模范称号，工会的意见都是评选的重要参考，评选办公室更是设在全国总工会。

对于获得荣誉表彰的劳动者，工会总是想方设法，让他们变得更加优秀。1992 年，全国总工会专门创办了中国工运学院（现“中国劳动关系学院”）劳模本科班，凡是符合入学条件的全国劳动模范、全国五一劳动奖章获得者，由省（区、市）工会推荐，经过全国总工会组织部审定，就可以免试进行为期四年的脱产学习。这么多年下来，劳模本科班共有 607 名学员毕业，其中包括 234 名全国劳动模范、210 名全国五一劳动奖章获得者。

对于生活遇到困难的劳动模范，工会更是通过心贴心的服务送去“温暖”。 2002 年，全国总工会专门调查全国劳模生活状况，并向中央做了详细汇报。从第二年起，中央财政设立了全国劳模专项补助资金，每年拨付的数额逐步加大，补助标准不断提高，年人均受助额已经从最初的 4095 元增加到近 2 万元。

说到这里，你可能会有这样的困惑：“全国劳模寥若晨星，要想当上比万里挑一还要难，再好的政策也享受不到。”其实，参照全国劳模专项补助的做法，各级工会都在筹措资金，采取不同的措施，解决本级劳模生活困难问题。在 5 年前，北京市就实现了市级劳模帮扶全覆盖，上海、湖北、山东等省市也出台各种政策规定，关心扶助生活困难的劳模。如今，越来越多的企业工会也在这样做，就像编织了一张温暖的“保护网”，为忘我工作的先进榜样解除后顾之忧。

说起工会关心劳模的事情，三天三夜也说不完。25 年前，全国总工会就联合相关部门发布规定，要求保护劳动模范的身体健康，凡是省属市（县）以上级的劳动模范，每年都要进行一次身体检查，需要治疗的要及时治疗，需要住院治疗的要给予优先照顾，需要疗养或休养的要优先安排。这样的好政策延续下来，已成传统，蔚然成风。

2018 年，全国总工会组织 5000 名劳模度假。这些平时在岗位埋头工作的劳动者，成为全国 15 个工会休养基地最尊贵的客人。在疗休养的这一周里，工会不仅管吃管住，让我们放松休息，还带着我们去考察、参观、交流、培训，增长见识。

你要是问我，为啥当劳模有这么多的好处，这是因为咱们社会主义国家打根儿上就重视工人阶级、重视劳动者。就拿这劳模疗休养来说吧，最早起源于 1950 年，咱们的周恩来总理亲自选择批准在北戴河建设外交人员休养所，接待战斗英雄和全国劳动模范。这些年，国家对劳模越来越重视，各种待遇保障都越发制度化。还以劳模疗休养为例，全国总工会 5 年前就制定了《全国总工会劳模休养五年计划（2014–2018 年）》，里面就明确规定了，5 年内要让符合条件的全国劳模和全国五一劳动奖章获得者至少休养一次。全总带头，基层工会也相应地建立起本级劳模疗休养的制度。所以说啊，不管你是哪一级的劳模，都是有机会被邀请参加疗休养的。

对劳动模范的各种待遇，其实都体现着国家对劳动价值的肯定。但时代在进步，社会对劳动价值的评判，也从“出大力，流大汗”“苦干加巧干”，向知识性，创造社会效益、经济效益的方向转变。咱们虽然是农民工，但也得学技术学本领，跟上时代的脚步才行。

我相信，你此刻一定铆足了干劲儿。期待看到你戴上大红花的那一刻。

祝取得好成绩！

你的朋友 

2018 年 8 月 11 日

劳模表彰大会

劳模体检

劳模疗休养

第九封信 09

上网让你更“智慧”

亲爱的龚晓农：

上封信我们谈了学技术、学本领，争当劳模的事情。我还要特别提醒你，我们身处新的时代，要善于利用新技术、新方法、新媒体渠道去学习。

这次写的这封信就与以往有所不同，我是在电脑上写的，通过网络传给你。你可以在电子邮箱里，或者微信上第一时间看到。你看，最近我也在努力学习网络知识，今天，咱们新老两代农民工就来作一次网络交流吧！

或许你还记得，5 年前咱们召开中国工会十六大的时候（我就是在那次会上当选的全总兼职副主席），李克强总理给大会代表作报告，他说：“中国工人勤劳、勤劳、勤劳！”接着又说：“中国工人智慧、智慧、智慧！”大会堂里响起热烈的掌声，总理的话，说到咱们工人心坎里了。

如今，咱们工会在“智慧工会”建设的道路上也迈出了坚实的步伐。5 年后召开的中国工会十七大，提出积极建设智慧工会，促进互联网和工会工作融合发展，打造线上线下有机结合的工会工作体系，构建中国工会升级版。会后，习近平总书记和新一届全国总工会领导班子座谈时指出，要强化互联网思维，把网上工作作为工会联系职工、服务职工的重要平台，走好网上群众路线。我们听后，心情十分激动。可以说，工会网上工作迎来了新的最好的历史时期。

晓农，你们作为新一代农民工，比起我们这一代人有了更高的起点，也面临更新的形势。我参加工作的第一个岗位，是铁路的接触网工，而你们从小时候起，就一直在“接触网”，你们是互联网社会的“原住民”。应该承认，互联网极大地方便了我们的生活，也改变了这个世界。我们那个时候，消息靠看报纸，购物要进商店，发电报、打电话要去邮电局，而你们现在只要有一部手机，不仅能打电话、看消息、问资讯，还能网上购物、网上支付，甚至打游戏。过去我坐地铁，车厢里很多人看报纸，你看现在，地铁里全是看手机的。那天我在地铁里看见一个年轻人竟然拿着两部手机打游戏。为此，我也提醒你，一定要注意保护视力哦！

互联网极大地改变了社会各方面，也给工会工作带来了新的变化。网络的普及，让咱们工会服务职工群众有了新的载体、新的手段、新的方法，也带来工会新的工作机制、新的运行模式。比如说，过去由于工作手段的局限，工会只能掌握职工群众总体情况，很难了解每位职工个性化的需求，现在由于大数据、云计算、人工智能的发展，就使得工会精准、便捷、高效地服务职工成为可能。

过去由于工会工作力量的局限，很难全部顾及近4亿职工，很多时候只能照顾到职工群体的两头——一头是困难职工，一头是劳动模范，这部分人只占职工总数的5%左右，对他们的服务只能算是一种“特惠”服务。而今有了互联网、有了数据库、有了工作平台，就为工会普惠服务全体职工提供了载体，可以为像你这样的，既不是困难职工也不是劳动模范的，但是占职工中绝大多数的群体提供普惠服务，实现服务对象从特殊群体向全体会员转变，服务方式从工会“定菜单”向职工“点菜单”转变，服务手段从线下为主向线上线下互动融合转变。

举个例子来说，你在单位领到的那张工会会员服务卡，就相当于“第二身份证”，除了一般的银行卡金融功能之外，背后还汇聚着工会强大的服务功能。你拿它坐公交车可以享受会员打折优惠，拿它去商场购物可以享受特约商家的优惠服务，拿它去咱们工会的活动阵地——文化宫、图书馆、体育场馆，更是可以享受大幅度的折扣优惠。如果你生病了，在医保报销之后，这张卡还可以为你提供“二次报销”，减轻你的个人负担，让你充分体验到一个工会会员的获得感、荣誉感、幸福感。这背后，都凝聚着工会组织和工会干部的辛劳奉献。为此，全国总工会提出的服务职工口号是：“一片心、一叠卡、一张网、一个家”，这“一张网”就是工会服务职工网络体系。

工会网上工作能做的事还有很多。比如说网上申请入会、转会，网上维权，还有网上练兵——这个可能正对你的胃口，你不是喜欢网上游戏吗？中国机械冶金建材工会牵头推出了网上练兵系统，利用 VR（也就是虚拟现实）技术，构建 3D 动画模拟工艺实操模块，采用与闯关游戏类似的在线学习方式，模拟真实工作场景，可以让职工一边打游戏，一边练技能。你只要参加网上练兵，通过答题考试，就可以闯关升级，从最初的“学前班”一路升到“博士后”，每通过一关，都有相应的奖励。系统还设置了企业排行、工种排行、个人排行等闯关英雄榜呢，对你来说，岂不是一举两得？

现在，互联网正在越来越深刻地改变我们的工作与生活，智慧工会建设也越来越深入。各地工会采用“互联网+”手段，创新劳动竞赛，正呈热火朝天之势。在第五届全国职工职业技能大赛上设置的5个比赛工种中，有4个工种属于“互联网+”范畴，共辐射带动了1500多万职工参加技能比赛。你们建功立业，真是赶上了好时候啊。

对了，还有一件事要向你说道说道，全国总工会与中央网信办共同开展了“网聚职工正能量，争做中国好网民”主题活动，旨在引导广大职工自觉学习网络知识、掌握网络技能、用好网络技术，弘扬网上主旋律，发出网上“职工好声音”，践行社会主义核心价值观，培育中国精神。这项活动已经举办了三届，在社会上的影响力越来越大，希望你要积极参加哦。

晓农，不知不觉说了以上这么多，都是我对智慧工会建设的体会。你比我年轻，脑子更灵，思想更新，一定会领悟得比我更深更快。网络时代是一个学习的时代，不进则退，慢进亦退。让我们共同努力，参与到智慧工会建设之中，作出应有的贡献！

时间不早了，今天先写到这里吧。

祝生活顺心！

你的朋友

2018年9月5日

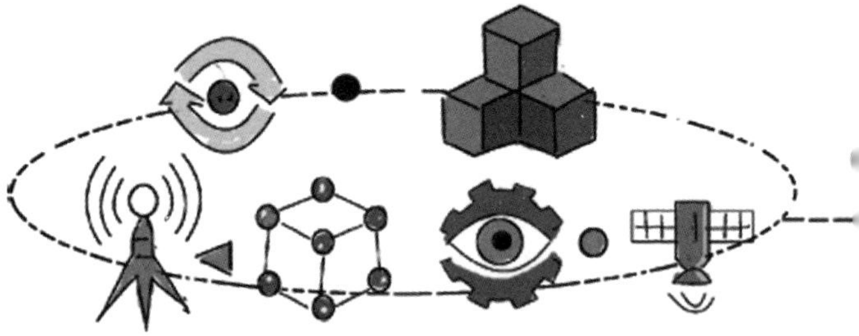

工会会员服务卡
职工之家

第十封信 10

送你一间“黄金屋”

亲爱的龚晓农：

今天给你写这封信，是想向你介绍一个好去处——职工书屋。

此刻，我正在中建公司的职工书屋考察，翻看职工的阅读记录。市总工会刚向他们赠送了一批书籍，我听这里的工作人员说咱们农民工来这里的次数并不算多，也不怎么参加工会的读书活动，而是经常去打游戏。所以今天，关于读书这个话题，我想同你多聊几句。

古人说，书中自有千钟粟，书中自有黄金屋，书中自有颜如玉。翻译成现代的话，就是读书能让你学会生活技能，能让你挣到钱，还能帮你找到对象。当然，现在已不是过去那种“万般皆下品，唯有读书高”的社会，读书也不是必然能够改变命运。但是不论什么时候，爱学习总是一件好事，哪怕“附庸风雅”，也比自甘粗俗好得多。对不对?

高尔基说，书籍是人类进步的阶梯。对于我们农民工来说更是这样，我们中的大部分人，都是早早就出来打工了，在学习方面先天不足，这就更需要在工作中及时“充电”，而职工书屋，就是最好的“充电站”。工会的职工书屋，就是这样一项服务工程、文化工程，也是一项民心工程、德政工程。

职工书屋从2008年发端，现已建成全国工会职工书屋示范点近万家，各地建设职工书屋逾10万家，吸引了上千万一线职工、农民工前来学习、阅读，年借阅量超过4亿人次——约等于全国的职工人数，也就是说，相当于每人每年借阅一本书。4月23日是世界读书日，也是我们的全民阅读日。早在2013年，习近平总书记在接受采访时就谈到要“让阅读成为一种生活方式”。职工书屋图书配送中心把大量的职工读物源源不断地送到基层工地、车间班组，甚至地震灾区……其中专为咱们农民工量身打造的书籍丰富多彩，图文并茂。如果你所在企业也建了职工书屋，那实在是一件幸福的事儿。

读书的道理谁都明白，但是知易行难，最难的是坚持，而坚持下来就会成功。十多年来，各地工会以职工书屋为载体，持续发力，久久为功，坚持建设学习型团队，打造“书香企业”，建造了企业的动力源，托起了职工的成才梦。我给你举个同样是咱们农民工的例子吧，中建二局一公司的建筑女工夏莱斌你认识不？她早年由于家庭困难，放弃了高考，进城打工，但是心中一直有一个读书梦。有一次，在被派去职工书屋打扫卫生的时候，她被那里的书籍和阅读氛围所吸引，从此成了职工书屋的常客。她一有时间就到书屋里如饥似渴地阅读，经过一段时间的“加油”“充电”，逐步积累了管理人员的基础知识和能力，不仅考取了北京市的劳动力管理员资格证，还在公司竞争中脱颖而出，当上了项目部的民工督察队长。这下她的学习劲头更足了，通过学习又考取了二级注册建造师的执业资格，实现了职业生涯的飞跃。

现在，公司以她的名字组织了一个“荣斌读书会”，以她的励志故事号召更多的职工参与到职工书屋建设和读书活动中来。你看，职工书屋不仅圆了她的读书梦，还为她搭建了更宽广的舞台，拓展了她的事业空间。在职工书屋发展壮大的十年里，像这样的故事，还有很多很多。

写到这里，估计你心里会有些抵触，觉得我在说大话。理想很丰满，现实很骨感，靠读书成才的职工毕竟少之又少，大多数的农民工兄弟，平时不是在上班，就是在去上班的路上，哪里有时间去书屋看书？何况，路上也没有时间看书啊，那些大部头的书也实在太难携带了，现在车上连看报纸的都没有了，全是看手机的。

应该承认，你说的有些道理。不过别急，这种情况咱们工会早就想到了，为了满足年轻职工碎片化阅读的习惯，推出了电子职工书屋，也就是说，在送你们一个实体书屋的同时，还送你们一个网上的电子职工书屋。你只要打开手机下载一个App，就可以随时随地阅读了。电子职工书屋有电脑PC端、手机App、平板电脑、立式阅读触屏等，可以同步切换。另外还能提供阅读量数据查询及排名，每家企业、每个读者都可以了解自己的阅读情况及排名，形成激励机制和阅读氛围。这就是一个随身携带的数字图书馆，我们称为“一人一书屋，无处不阅读”。

如果说书籍是人类进步的阶梯，那么电子书就是人类进步的“电梯”。这个电子职工书屋的内容太丰富了，在这里阅读，真是“上上下下的享受”。这两天我正在读《中国农民工四十年》这本书，讲述了改革开放以来农民工的变迁，把我们的经历全部写到了，有些事件是我的亲历，有些事件我感同身受。前些日子我到一个工地参加这本书的新书发布会，看到职工兄弟们高涨的阅读热情，心中真是感慨万千。在我们小的时候，读书对很多人来说是一件奢侈的事，就像夏荣斌那样，可望而不可即。现在阅读是如此的便捷、图书是如此的丰富、环境是如此的美好，我们有什么理由不珍惜这大好的机会呢。

对了，还要告诉你一件事，书屋里还有一本《龚晓农漫游“互联网家”》，写的就是你前些日子在网上申请入会和入会以后的经历，介绍了工会为农民工提供的网上服务，有点像科学幻想小说《小灵通漫游未来》。你可以抽时间找来看看，一定会大有收获的。

对工会来说，书屋是值得用心经营的事业；对职工来说，书屋是值得常去的好地方。晓农，我真的希望能够在职工书屋经常看到你的足迹。

下次来信，希望能给我讲讲你最近读了哪些书以及你的感悟。咱们就这么约定了，好吗？

祝学习进步！

你的朋友 

2018 年 10 月 12 日

职工书屋

第十一封信 11

其实入会就是这样简单

亲爱的龚晓农：

时间过得真快，这已经是我给你写的第十一封信了。向你介绍了这么多加入工会的好处，你应该对工会这个组织充满了更多的好奇，加入工会的冲动和渴望也越来越强烈了吧。如果真是这样的话，那就是我这个兼职工会干部最开心的事情。

说起中国工会，历史可以追溯到20世纪20年代。咱们都知道，中国共产党是1921年7月成立的。一个月后，中国劳动组合书记部也跟着出现了，开始筹备全国性工会组织。到了1925年5月1日，中华全国总工会正式成立。从那时起，工会一直是中国最大的群众组织，现在已经有3亿多会员，越来越成为一个充满温暖的劳动者大家庭。

对于一个拥有90多年历史的组织来说，中国工会的故事说也说不完，因为我们在日常的劳动和生活中总要碰见它。“天下工会是一家”，这句话真的不是一句口号。只要你是工会会员，无论走到哪里，只要敲开工会的门，工会干部一定会迎上来嘘寒问暖，冬天一杯热水，夏日一碗凉茶。你有委屈，工会帮你做主讨公道；你有烦恼，工会为你排忧解难。这么好的组织，可以想到吸引力会有多么强大。最新的数据显示，已经有 1.4 亿农民工兄弟入会了！

加入工会是一件很严肃的事情，既是咱们自己的事儿，也算得上是很重要的“国家大事”。要不然，中央电视台的《新闻联播》节目里，也不会接二连三地报道农民工入会的新闻。无论是在企业、事业单位、机关，还是在社会组织里工作，只要是以工资收入为主要生活来源，或者与用人单位建立劳动关系的劳动者，不分种族、民族、性别和职业，也不分宗教信仰和受教育程度，都可以成为工会会员。不过，工会也不是说入就入的，承认工会章程是前提，自愿申请是程序，工会基层委员会的批准更是必不可少。

常规的情况下，如果你现在务工的企业已经有了工会组织，经过这样三个步骤就可以加入工会。第一步，你要先向企业工会提出书面或口头申请；第二步，工会小组讨论确认你是不是符合入会条件；第三步，你要认真填写一张《工会会员登记表》，交由企业工会批准。

由于农民工打工的情况千差万别，流动性也很大，工会组织还专门有针对性地出台了各种办法，为农民工加入工会敞开了大门。除了在务工企业工会入会，咱们还可以在村（社区）工会入会，在乡镇（街道）工会入会，在行业工会入会，在工业园区工会入会，在施工项目工会入会。总之一句话，如果上面这些地方都找不到，哪怕在一个陌生的地方，你都可以直接拨打“12351”职工服务热线，向当地工会讲清自己的情况，相信一定能够得到满意的答复。

这几年，为了方便农民工实现入会需求，工会组织推行了“源头入会”方式。在有些地方，政府部门和当地工会不光帮着农民工联系用工岗位，还负责帮着农民工在离开家乡前就办理加入工会的手续，组织大家一起去用工企业报到，统一转接会员关系。

对于岗位不稳定的农民工来说，这样的入会方式方便了不少。即便失去岗位或主动选择返乡，只要填写好《工会会员证》上的“组织关系接转”栏目，加盖原来用工企业工会的公章，会籍关系就可以保留下来，接转至自己所在的村（社区）工会或乡镇（街道）工会管理。再次外出务工时，直接凭会员证就能接续会员关系，不用在新上岗的企业再次办理入会手续。

如果是自己单独或结伴到城市务工，同样可以按照正常的入会程序，先向自己家乡的村（社区）工会或乡镇（街道）工会提出申请，领取工会会员证。到达务工地务工时，只要拿着会员证找到用工企业的工会，就能直接办理会籍接转手续。

当然，咱们也得承认现实并不十全十美，眼下还有一些用工企业没有建立工会，主要集中在小微企业或者民营企业。遇到这样的情况，是不是农民工就没有办法加入工会了？当然不是。各级工会正在努力推进，争取早日实现“普遍建立工会组织”的目标。在此之前，农民工不妨申请加入务工所在地的基层工会，可以是街道工会或社区工会，也可以是园区工会或楼宇工会，还可以是行业工会或项目工会，先成为工会会员，等到自己所在的企业建立工会后，再把会员关系转过来。

按照《工会法》的规定，每一位农民工都有权利加入工会，每一个用人单位工会都应当吸收农民工加入工会，任何组织和个人，都不得限制农民工自愿加入工会。故意设置工作岗位、户籍、工作时间等条件，限制农民工加入工会的，都是违法行为。

由于很多农民工的身份属于劳务派遣，时常碰到派遣单位没有成立工会，用工企业也不同意劳务派遣工加入工会，造成农民工“两头落空”的情况，根本享受不到任何工会会员的福利。其实，对于这样的问题，全国总工会早就作出了明确规定，派遣单位与用工单位都必须建立工会组织，如果派遣单位暂时没有建立工会，劳务派遣工可以直接加入用工单位工会。

“农民工有困难找工会”，这是中国工会坚定不移叫响的口号。实现这样的目标，把更多农民工组织到工会中来，意义特别重要。眼下，工会干部正在积极推进以农民工为主体的货车司机等群体加入工会。全国总工会更是提出了明确目标，到 2020 年年底的时候，全国至少要有 55% 的农民工加入工会。可以说，只要加入工会，农民工得到的好处肯定越来越多。

说了这么多，你还在犹豫吗？赶紧按照上面的办法行动起来。其实，入会就是这样简单。早一天加入工会，早一天享受外出打工“有家有依靠”的感觉吧。

祝早日入会！

你的朋友 廖晓林

2018 年 11 月 2 日

工会会员登记表

12351
职工服务热线

第十二封信 12

我们的明天会更好

亲爱的龚晓农：

终于听到你加入工会的消息，我从心里为你感到高兴。从现在开始，我们就更是一家人了。遇到困难的时候，别忘了去敲工会的大门。有了喜事的时候，工会干部更愿意分享你的快乐。千万不要小看“工会会员”这个身份，它会像一座沉稳的大山，让每一位农民工感受到可以信赖的依靠。

按照有关统计数字，我国农民工的总数已经超过 2.87 亿人。对于每一位农民工而言，大家都是微不足道的个体。但是，如果咱们大家团结起来，就能够拥有移山填海的力量。改革开放刚刚开始的时候，我们的父辈离开土地，走向城市，走向工业，走向现代文明，成为默默付出却又不可忽视的农民工群体，为中国经济的发展作出了巨大贡献。

这些年来，咱们爱岗敬业，勤勤恳恳，成为制造业劳动力大军的主体，为中国制造注入了核心竞争力。咱们任劳任怨，艰苦奋斗，汗水洒落在每一根延伸向前的高铁钢轨，足迹留在了每一座城市标志性的高楼，为中国速度注入了磅礴力量。千千万万农民工汇聚在一起，显示出吃苦耐劳的奋斗精神、忍辱负重的包容精神、不屈不挠的进取精神、精益求精的工匠精神，在改变着自己人生轨迹的同时，也成为社会主义核心价值观的重要元素。

2018 年 10 月 29 日，我又一次走进中南海，参加习近平总书记同中华全国总工会新一届领导班子成员集体谈话，并向总书记汇报自己担任兼职副主席的工作情况。我向总书记报告说，自己再次当选全国总工会兼职副主席，是党中央对我的信任，更是对农民工的激励和鼓舞。我要当好党联系农民工的桥梁和纽带，绝不辜负总书记的信任和职工群众的期盼。

每个人都想当英雄，但怎样才能在平凡的岗位上成为英雄呢？我的理解是，干好自己的工作，就是英雄！在很多人眼里，农民工进城打工挣钱，干一天活儿拿一天的工资，用不着有远大理想，就是真想干出个样子，也干不成什么大事儿。这样的观点，我不认同。咱们都会用筷子，不管睁着眼睛还是闭着眼睛，肯定都能把饭准确地送到嘴里。因为天天用筷子，一天三顿饭，一次十分钟，长年累月下来，闭着眼睛也会用筷子吃饭。这么说来，只要坚持每天两小时的努力，每个人都能彻底改变自我，直至获得成功。每天早起一小时，晚睡一小时，比别人多用两小时去思考和学习，我一直把这样的习惯坚持了下来。在生活中，这种坚持可以滴水穿石；在工作上，这样锲而不舍一定会创造出奇迹。

我写过一首赞美钟表的诗——

时分秒三个针 / 在表壳里

坚定而匀速 / 一圈又一圈地转

从不因枯燥而放弃 / 也不因阻力而停止

更不为夸奖而飘飞

它们团结一心 / 目标只有一个

计准时间

……

看上去，钟表的生活刻板又枯燥，无聊又寂寞，只是一圈又一圈地转。但是，为了计准时间，它只能过着这种乏味的生活，“不因枯燥而放弃，也不因阻力而停止”。我经常用钟表的精神勉励自己，无论从事什么样的工作，都要耐得住寂寞，无论做什么事儿都要专注，做就一定要做好！

有一次，我在中铁电气化集团公司的大礼堂里，为几十位年轻人作过一次“多彩青春应该精彩走过”的主题报告。为了这次报告，我专门画了一幅漫画，一个人正背着行囊风雨兼程。我用两句话给大家解释这幅漫画，一句是“人生为一大事来”，另一句是“不抱怨世界”。我觉得这就是我们农民工应当持有的心态。今天的时代，只要有梦想，只要肯努力，只要能坚持，人人都有出彩的机会。

和你说了这么多，就是想要鼓励你，一定要有实现理想的雄心壮志。论起文化程度，咱们可能差了一点。但是，如果论起心灵手巧，农民工不会输给任何人。何况还有工会这样的坚强后盾，千方百计地为农民工的成长创造条件。咱们可以去劳模创新工作室学技术，可以报名“求学圆梦行动”去考文凭，可以在职工书屋徜徉知识的海洋。相信总有一天，你和你的同伴会比我做的更好，成为党和人民同样需要的好工人！

10 年前，我还写过一首题目是《咱们农民工》的诗：

咱们农民工，勤朴又善良。
一有那农闲时，出门去打工。
咱们农民工，身手也不凡。
开启那机器轰轰响，造出精品走四方。
咱们农民工，理想比天高。

为人民谋求幸福生活，学农学工学科学。

咱们农民工，工人的好弟兄。

手拉着手来肩并肩，共同建设新中国。

咱们农民工，农民工，有知识的人。

农民工，吃苦奉献的人。

农民工，祖国建设不可缺少的人。

10 年后的今天，农民工得到党和政府越来越多的重视了。咱们无论走到哪里，都可以骄傲地挺直腰板。特别是国家正在打造新时期产业工人队伍，这更是咱们发展自我的机遇。听我的话，有时间就一定要去好好提升技能水平，主动跨越技能门槛，顺利转型为新兴产业工人，以一代大国工匠的身份托起中国创造的明天。同时，要跨越文明的门槛，转变长期在农村生活时形成的习惯和行为方式，面向工业文明和城市文明，形成遵循公共秩序、公共道德和公共行为准则的行为方式。

好了，再多的话就不说了。希望你加入工会后的生活更加丰富多彩，期待能够早日在企业的光荣榜上找到你的名字。工会的大门，永远向每一位农民工敞开。至于我自己，愿意永远做你和更多农民工的知心朋友。

祝一切顺利！

你的朋友 [signature]

2018 年 12 月 8 日

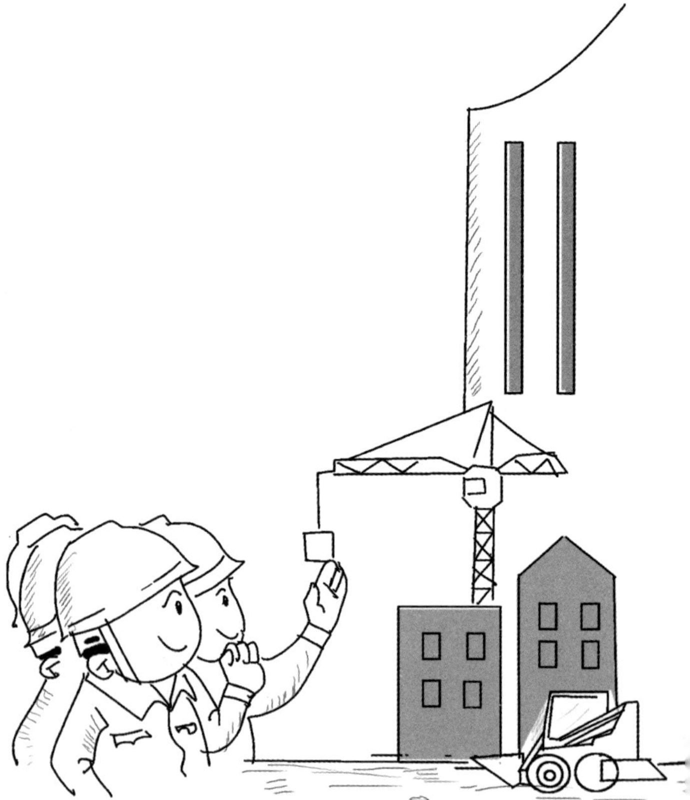